Von James Krüss und Günther Jakobs ist bei Gabriel ebenfalls erschienen:
Abc, Abc, Arche Noah sticht in See (auch als Ting-Ausgabe und als interaktives E-Book bei Tigerbooks erhältlich)

Krüss, James/Jakobs, Günther:
Weihnachtslied vom Eselchen
ISBN 978 3 522 30321 7

Text: James Krüss
aus »Weihnachten im Leuchtturm auf den Hummerklippen«
Boje Verlag in der Bastei Lübbe GmbH

Illustrationen und Titeltypografie: Günther Jakobs
Innentypografie: Doris Grüniger, Buch und Grafik
Schrift: Rotis Sans Serif
Reproduktion: Photolitho AG Gossau/Zürich
Druck und Bindung: Himmer AG, Augsburg

5 4 3 2 1° 13 14 15 16

James Krüss

Günther Jakobs

Weihnachtslied vom Eselchen

GABRIEL

Ich bin ein Esel, alt und schwach,
I-a.
Ich habe in der Heiligen Nacht
Im Stall von Bethlehem gewacht
Und manchmal leis I-a gemacht,
I-a.

Ich war ganz still, wie sich's gehört,
I-a.
Nur manchmal schlug ich mit dem Steert,
Und bei mir standen Ochs und Pferd
Und auch drei Könige, hochgelehrt.
I-a.

Das Christkind war so sonderbar,
I-a.
Es zupfte mich an Bart und Haar,
Und einmal rupfte es sogar
Am Bart von König Balthasar.
I-a.

Dem Joseph, dem gefällt das nicht,
I-a.
Mit ernstem Zimmermannsgesicht
Sieht er das Kindlein an und spricht:
»An Königsbärten zupft man nicht!«
I-a.

Jedoch Maria, seine Frau,
I-a,
Die sagte: »Lieber Joseph, schau:
Nimm's mit dem Kind nicht so genau!
Es ist ja noch nicht groß und schlau.«
I-a.

Und auch die Könige, alle drei,
I-a,
Die fanden wirklich nichts dabei
Und schenkten Myrrhe und Salbei
Und rotes Gold dem Kind im Heu.
I-a.

Sie lachten alle drei im Chor,
I-a,
Der Caspar und der Melchior
Und Balthasar, das war ein Mohr,
Der kam mir etwas dunkler vor.
I-a.

Ich bin ein Esel, alt und schwach,
I-a.
Ich habe in der Heiligen Nacht
Im Stall von Bethlehem gewacht
Und manchmal leis I-a gemacht.
I-a.